CHOIX DE CANTIQUES.

CHOIX DE CANTIQUES.

CONGRÉGATION DES ENFANTS DE MARIE

(DIGOIN.)

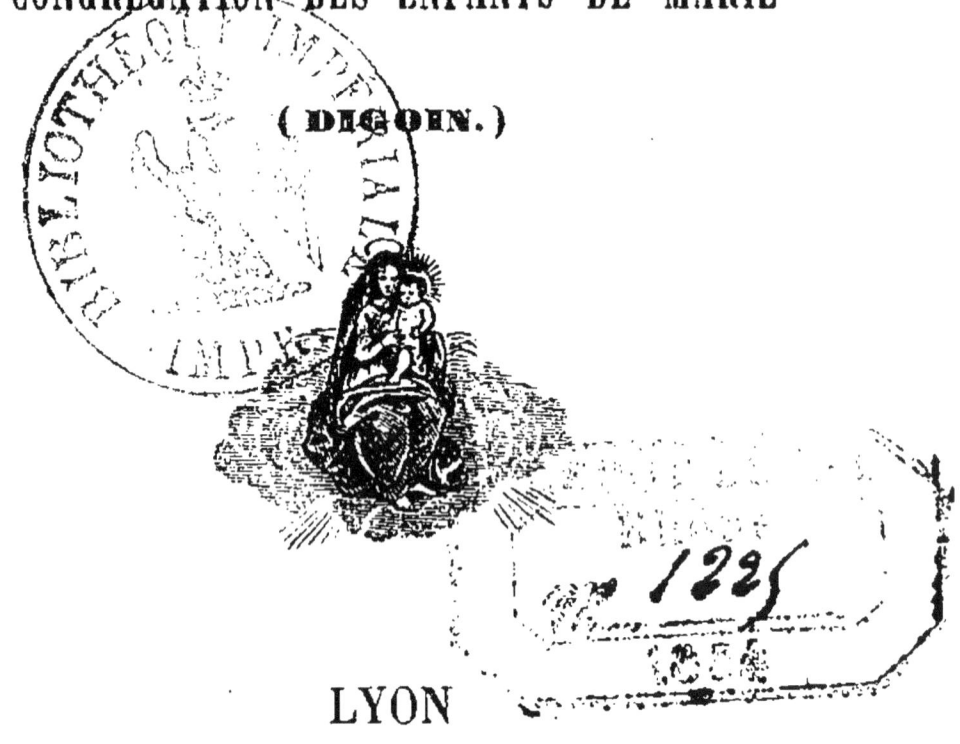

LYON

IMPRIMERIE DE GIRARD ET JOSSERAND
Rue Saint-Dominique, 13.

1854

Exhortez-vous les uns les autres par des cantiques spirituels, chantant de cœur et avec édification les louanges de Dieu. (S. *Paul aux Colossiens.*)

O Seigneur, combien j'ai pleuré au chant de vos hymnes et de vos cantiques ! Combien les douces voix de votre Église me causaient de vives émotions ! Ces voix pénétraient dans mes oreilles et en même temps la vérité dans mon cœur, et de là bientôt naissait votre amour qui m'animait, et mes larmes coulaient, et j'étais heureux de les répandre. (S. *Augustin.*)

Ce n'est pas seulement de la fraîcheur de la saison que nos campagnes tirent leurs charmes. Ce qui en augmente les agréments, c'est la voix du laboureur, du moissonneur, du vigneron, oubliant leurs fatigues en chantant des cantiques. De quelque côté que vous vous tourniez, vous entendez nos champs retentir de pieuses mélodies. (*S. Jérôme.*)

Les anges chantent dans le ciel. Ils ont chanté à la naissance du Sauveur. Marie chez sa cousine, Zacharie à Hébron, le vieillard Siméon au temple, ont chanté d'immortels cantiques. Jésus-Christ a béni les enfants qui chantaient sur son passage lors de son entrée en triomphe à Jérusalem. Il a chanté lui-même avec ses apôtres en partant pour le Calvaire, après l'institution de la divine Eucharistie.

O Marie, qu'il m'est doux de chanter vos louanges durant les jours de mon pèlerinage !

MÉDITONS ET AGISSONS.

CHOIX DE CANTIQUES.

N° 1.

REFRAIN.

Congrégation chérie,
Que ton nom plaît à mon cœur !
Jusqu'à la fin de ma vie,
T'aimer fera mon bonheur.

Oh ! que ton enceinte m'est chère !
Qu'elle plaît à mon cœur épris !
Ainsi la maison de sa mère
Plaît au cœur tendre d'un bon fils.

Ici, consacrés à Marie,
Et n'ayant tous qu'un seul désir,
Nous passons notre heureuse vie
A l'imiter, à la servir.

Notre âme, en ce pieux asile,
Goûte un repos pur et constant.
Tel en un port sûr et tranquille
L'esquif ne craint point l'ouragan.

Ou si parfois sur notre tête
L'orage gronde avec fracas,
Tranquille au fort de la tempête,
Elle sourit à ses éclats.

Ici la vertu par ses charmes
De nos cœurs remplit les désirs,
Et même jusque dans les larmes
Nous fait goûter de vrais plaisirs.

O Congrégation chérie,
Mon cœur t'oublîra-t-il jamais ?
Non, jamais ; que toute ma vie
Se passe à chanter tes bienfaits.

N° 2.

Salut, ô divine Marie,
L'asile de tous les mortels !
Voyez autour de vos autels
Votre famille réunie.

REFRAIN.

Oh ! que nos vœux montent vers vous ! } *bis.*
Reine du ciel, priez pour nous.

Votre œil veillant sur mon enfance,
Comment compter tous vos bienfaits ?
Oh ! que je meure, si jamais
Doit cesser ma reconnaissance !

Viens, me répète un monde impie,
Boire à la coupe du bonheur.
Mais que votre voix à mon cœur
Est plus douce, ô bonne Marie !

Venez, aimable Souveraine,
Venez, et qu'un élan d'amour
Au sein du céleste séjour
Me transporte en brisant ma chaîne !

N° 3.

REFRAIN.

A tes pieds, ô tendre Marie,
Tu vois l'amour nous réunir.
Oh ! de grâce, Mère chérie,
Etends ton bras pour nous bénir.

  Nous pleurons sur la terre,
  Tu règnes dans les cieux ;
  Protége, heureuse Mère,
  Tes enfants malheureux.

Ton Fils sur le Calvaire
Nous remit dans tes bras ;
Il savait que sa Mère
Ne nous oublîrait pas.

Ta prière puissante
Offerte à l'Eternel,
Mère compatissante,
Nous ouvrira le ciel.

Ta prière puissante
Est l'espoir du pécheur ;
Mère compatissante,
Offre à Jésus nos pleurs.

Que ton sein soit ma couche,
J'y veux vivre et mourir ;
Que ton nom dans ma bouche
Soit mon dernier soupir.

N° 4.

Tendre Marie,
Souveraine des cieux,
Mère chérie,
Patronne de ces lieux,
Toi qui par ta puissance
Protéges l'innocence,

En ce beau jour
Reçois nos chants d'amour.

Vois tous les âges
Entourer ton autel ;
A leurs hommages
Prête un cœur maternel.
Dans leur transport sincère,
Ils te nomment leur Mère ;
Du haut des cieux,
Daigne agréer leurs vœux.

Consolatrice,
Qu'on invoque en tout lieu,
Médiatrice
Entre l'homme et son Dieu,
Pour le cœur plein de larmes
Que ton nom a de charmes !
Que le pécheur
Y trouve de douceur !

O tendre Mère,
Auprès du Dieu sauveur
Par toi j'espère
Trouver grâce et faveur.
Ton Fils, dans sa clémence,
T'investit de puissance ;
C'est par tes mains
Qu'il bénit les humains.

N° 5.

REFRAIN.

Au secours, Vierge Marie !
Hâte-toi, viens sauver mes jours.
C'est ton enfant qui t'en supplie,
Vierge Marie, sauve mes jours ;
Vierge Marie, au secours, au secours !

O Mère pleine de tendresse,
Vers toi les pauvres matelots
Lèvent les yeux dans la détresse,
Et soudain tu calmes les flots.

Egaré sur la mer du monde,
Mon esquif vogue loin du port.
En écueils elle est si féconde !
Hélas ! quel sera donc mon sort ?

Déjà de lugubres nuages
Se déroulent au sein des airs ;
Par leur souffle les noirs orages
Ont soulevé les flots amers.

Tu le vois, ma frêle nacelle
Est le jouet de l'ouragan.
Marie, étends sur moi ton aile ;
Sauve-moi, je suis ton enfant.

La mort de sa triste victime
N'attend que le dernier soupir ;
Je tombe au fond du noir abîme
Si tu ne viens me secourir.

Il m'en souvient, sainte Patronne,
Mille fois tu sauvas mes jours.
N'entends-tu pas ? la foudre tonne ;
Au secours, Marie, au secours !

Parais, étoile salutaire,
Chasse les ombres de la mort ;
Que ta bienfaisante lumière
Me montre le chemin du port.

N° 6.

Je vous salue, ô divine Marie,
Fleur ravissante, au parfum le plus doux !
Dieu vous bénit et demeure avec vous ;
De tous ses dons votre âme est embellie.

REFRAIN.

Priez pour nous,
O Vierge pure,
Belle et sans souillure ;
Priez pour nous (*trois fois*)
Qui recourons à vous,

Priez pour nous (*trois fois*)
Qui recourons à vous,
Priez pour nous } *bis.*
Qui recourons à vous.

Dans mon chemin à travers cette vie,
Je n'aperçois qu'amertume et douleur.
Me faut-il donc renoncer au bonheur?
Non, car j'espère en vous, bonne Marie.

Quand sonnera pour moi l'heure dernière,
Venez verser votre baume en mon cœur.
Marie, hélas! je ne suis qu'un pécheur,
Un grand pécheur; mais vous êtes ma Mère.

N° 7.

Dans les traverses de la vie,
Sur ton bras le chrétien s'appuie.
Hélas! dans son pénible cours,
     Marie,
Il trouve ton puissant secours
     Toujours (*trois fois*).

Des flots redoutant la furie,
Le matelot t'implore et crie:
Ah! prenez pitié de mon sort,
     Marie!

Et tu le pousses sans effort
      Au port.

Pauvre enfant, ta Mère chérie
T'eût pour toujours été ravie,
Si de ton cœur tendre et pieux
      Marie
N'avait accueilli dans les cieux
      Les vœux.

Aux derniers instants de la vie,
Le pécheur t'appelle et te prie,
Et tes bras vont le recevoir,
      Marie ;
A ses yeux tu fais entrevoir
      L'espoir.

Vois cette foule recueillie,
Qui t'appartient, qui te supplie.
Ce sont tes enfants à genoux,
      Marie ;
Jette le regard le plus doux
      Sur tous.

N° 8.

REFRAIN.

Daigne de la terre,
Séjour de misère,

Porter ma prière
Aux pieds du Seigneur.
Daigne de la terre
Porter ma prière
Aux pieds du Seigneur (*bis*).

Vierge tutélaire
Que le ciel révère,
O divine Mère
De mon Rédempteur,

Toujours secourable,
O Mère ineffable,
D'un œil favorable
Reçois le pécheur.

Oh! de ta clémence
Couvre mon offense;
Rends-moi l'espérance
Et la paix du cœur.

Après cette vie,
Que dans la patrie
Je puisse, ô Marie,
Bénir mon Sauveur.

N° 9.

Je te salue, astre des mers,
Toi qui conjures les orages;

Contre le prince des enfers
Viens armer nos faibles courages.
Dieu de sa foudre éteint les feux
Dès que pour nous ta voix supplie.
Ouvre-nous la porte des cieux, } *bis.*
Sauve tes enfants, ô Marie !

Sous le poids d'un courroux vengeur,
Du sort d'Adam triste héritière,
La terre demande un Sauveur,
Et nous une seconde Mère.
O Marie, exauce nos vœux ;
C'est un ange qui t'en supplie.
Rends-nous, rends-nous la paix des cieux,
Sauve tes enfants, ô Marie !

L'Homme-Dieu, soumis à ta voix,
Daignera te nommer sa Mère ;
Si tu peux lui dicter des lois,
Sera-t-il sourd à ta prière ?
Apaise les vents furieux
Qui nous chassent de la patrie ;
Montre-nous la route des cieux,
Sauve tes enfants, ô Marie !

En vain nos ennemis jaloux
Nous ont apprêté l'esclavage ;
De ton nom le charme si doux
Sera plus puissant que leur rage.
Viens briser les fers odieux
Que pour nous forgea leur envie ;

2.

Libres, nous volerons aux cieux.
Sauve tes enfants, ô Marie !

Pour comble de tant de faveurs,
Grave en nos cœurs ta ressemblance ;
Rends toujours chères à nos cœurs
Et la douceur et l'innocence.
Demande pour nous à Jésus
Les dons de l'éternelle vie.
Sous le voile de tes vertus,
Sauve tes enfants, ô Marie !

N° 10.

REFRAIN.

Venez, Vierge, à notre secours ;
Priez, Dieu vous entend toujours.
Sauvez sur l'océan du monde
    Ceux que la vague immonde
    Entraîne dans son cours.
    Sauvez notre innocence ;
    Sans vous plus d'espérance.
    Priez, Vierge, priez ;
    Bonne Mère, priez.

Priez pour nous ici présents,
Priez pour nos frères absents,

Priez pour ceux dont la ferveur
Est chère aux anges du Seigneur.
Hélas ! dans ce séjour de larmes,
    Que d'écueils ! que d'alarmes !
    Sortiront-ils vainqueurs ?
Partout un monde sans croyance,
    Une affreuse licence,
    L'abîme sous des fleurs !

Priez aussi pour les pécheurs ;
Prenez pitié de leurs malheurs.
Voyez-les, étoile des mers,
A la merci des flots amers.
Leur nef, par l'orage surprise,
    Sur les écueils se brise ;
    Ils attendent la mort.
Priez, priez, Vierge ; aux abîmes
    Arrachez leurs victimes,
    Conduisez-les au port.

Priez pour tous ceux dont le cœur
Est nourri d'un pain de douleur.
Que d'infortunés sans réduit !
Que d'orphelins sans nul appui !
Et, sous le toit de l'indigence,
    Que d'anges d'innocence
    Que l'on a vus périr !
Sans vous, la meilleure des mères,
    Ces profondes misères
    Qui pourra les guérir ?

Priez, ô Reine des élus,
Pour nos amis qui ne sont plus ;
Priez pour nos frères souffrants
Au fond des abîmes brûlants:
Leurs pleurs dans ces flammes ardentes
    Et leurs voix déchirantes
    Implorent votre amour.
Portez-les tous au sein des anges
    Pour chanter vos louanges
    Dans l'éternel séjour.

N° 11.

REFRAIN.

O Reine victorieuse,
  Riche trésor de ces lieux,
  Vierge toujours glorieuse,
  Nous vous adressons nos vœux.
O Reine victorieuse,
  Riche trésor de ces lieux,
Vierge toujours, toujours glorieuse,
  Nous vous adressons nos vœux (*bis*).

Divine Consolatrice,
  Doux espoir des malheureux,
  Qu'on trouve toujours propice
  Dans les maux les plus affreux ;

Vous de qui le divin Maître,
Le Sauveur de l'univers
Parmi nous a voulu naître
Afin de briser nos fers ;

Mère de miséricorde,
O Vierge pleine d'attraits,
Par qui le ciel nous accorde
Les plus signalés bienfaits ;

Puissante Reine des anges,
Qui dans l'éternel séjour
Recevez tant de louanges
De cette céleste cour ;

Daignez, source d'abondance,
Daignez répandre à longs traits
Cette divine influence
Qui peut combler nos souhaits.

Glorieuse Protectrice,
Qui nous rendez tous heureux,
Que l'air toujours retentisse
De nos cantiques pieux.

N° 12.

Protégez-nous, Vierge Marie,
O vous dont l'auguste pouvoir

Inspire à l'âme qui vous prie
Le sentiment d'un doux espoir.
Votre égide est l'ancre dernière
Du nautonnier près de la mort ;
Soyez l'étoile tutélaire
Qui nous conduise tous au port.

REFRAIN.

Mère de la sainte espérance,
O vous dont le nom est si doux,
Sensible à notre confiance,
    Priez, priez pour nous,
        Priez pour nous (*neuf fois*).

Le mondain pour notre croyance
Affecte un mépris orgueilleux ;
Il voudrait voir l'indifférence
Suspendre nos chants et nos vœux.
Aux divins rayons de la grâce,
Oh ! que lui-même ouvrant son cœur,
A nos autels il prenne place
Et goûte enfin le vrai bonheur.

Pour l'âme abattue et flétrie
Que vous êtes d'un bon secours,
Lorsqu'à votre cœur, ô Marie,
Dans sa tristesse elle a recours !
Non, jamais en vain l'on n'implore,

Au jour du malheur, votre appui ;
Et devant vous, brillante aurore,
Toujours les ténèbres ont fui.

Parmi nous que d'affreux vertiges
A fait naître l'impiété !
Et qu'il reste encor de vestiges
De ce fléau si redouté !
Mais n'êtes-vous pas le refuge
Des affligés et des pécheurs ?
Ah ! mettez fin à ce déluge
D'iniquités et de malheurs.

N° 13.

T'aimer, ô Marie,
Fait notre bonheur.
O Mère chérie,
Ouvre-nous ton cœur.
Tu vois sur nos têtes
L'orage mugir ;
Contre les tempêtes
Viens nous secourir.

Des nuages sombres
Nous cachent les cieux ;
Dissipe les ombres
Et brille à nos yeux.

Ta douce lumière,
Astre du matin,
Réjouit la terre,
Rend le ciel serein.

Sur l'onde en furie,
Le marin tremblant
T'adresse, ô Marie,
Un vœu suppliant.
Calme la tourmente,
Détourne la mort;
Que ta main puissante
Nous conduise au port.

N° 14.

Viens, viens à moi, me dit souvent le monde;
Je donne à tous bonheur, plaisirs sans fiel.
Mais une Vierge au front pur comme l'onde
M'a dit tout bas: Suis-moi, je mène au ciel.

Et moi j'ai dit: Je veux suivre Marie.
Le monde ment; ses fruits sont des douleurs.
Mais toi, Marie, au séjour de la vie
Tu nous conduis par un sentier de fleurs.

Bonne Marie, invoque Dieu sans cesse;
Demande-lui que je sois doux de cœur,

Humble d'esprit, soumis dans la tristesse,
Mais surtout pur, pur comme un lis en fleur.

Tu sais, hélas ! cette terre est affreuse ;
C'est un exil, un noir vallon de pleurs.
Sois près de moi, rose mystérieuse,
Et ton parfum calmera mes douleurs.

Tu sais, le monde est une mer cruelle
Où trop souvent l'on rencontre la mort.
Brillante étoile, ah ! guide ma nacelle,
Et sans danger je gagnerai le port.

N° 15.

REFRAIN.

Tendre Marie,
Mère chérie,
O vrai bonheur
 Du cœur,
Ma tendre Mère,
En toi j'espère ;
Sois mes amours } *bis.*
 Toujours.

Tout ce qui souffre sur la terre
En toi trouve un puissant secours.

Ton cœur entend notre prière,
Et ton cœur nous répond toujours.

Tu nous consoles dans nos peines,
Tu viens à nous dans l'abandon ;
Du pécheur tu brises les chaînes,
C'est toi qui donnes le pardon.

Ta douce main sèche nos larmes,
Ton nom si doux guérit nos maux,
Et nous trouvons encor des charmes
A te prier sur des tombeaux.

Tu viens consoler ceux qui pleurent,
Et tu prends soin des malheureux ;
Tu viens visiter ceux qui meurent,
Et tu les portes dans les cieux.

C'est toi qui gardes l'innocence
Dans l'âme des petits enfants ;
C'est toi qui gardes l'espérance
Dans les cœurs flétris par les ans.

Je te consacre donc mes peines,
Je te consacre mes douleurs ;
Unissant mes larmes aux tiennes,
Je taris ma source de pleurs.

N° 16.

Salut, ô Vierge immaculée,
Brillante étoile du matin,
Que l'âme ici-bas exilée
N'a jamais invoquée en vain!
De tes enfants exauce les prières,
Du haut du ciel daigne les protéger.
Mère bénie entre toutes les mères,
Sois-nous propice à l'heure du danger.

Quand, loin de cet aimable asile
De l'innocence et du bonheur,
Où tu sus nous rendre facile
La loi sainte du Dieu sauveur,
Mille ennemis, mille cruelles guerres
Nous rendront lourd ce fardeau si léger.
Mère bénie entre toutes les mères,
Sois-nous propice à l'heure du danger.

Heureux l'enfant qui se confie
En tes maternelles bontés !
Il ne craint ni l'onde en furie,
Ni l'effort des vents irrités ;
Autour de lui des barques étrangères
Il voit au loin les débris surnager.
Mère bénie entre toutes les mères,
Tu le soutiens au milieu du danger.

Veille sur nous, tendre Marie,
Surtout à l'heure du trépas;
Fais qu'en la céleste patrie
Ton Fils nous reçoive en ses bras.
Quand, précédé d'éclairs et de tonnerres,
Avec rigueur il viendra nous juger,
Mère bénie entre toutes les mères,
Sois-nous propice à l'heure du danger.

N° 17.

REFRAIN.

Vous êtes toute pure,
   Sans tache et sans souillure;
Marie, ah! descendez des cieux,
   Venez et recevez nos vœux,
Venez, venez et recevez nos vœux.

Vous êtes la porte brillante
   De la cité de paix;
Dans la demeure permanente
   Sans vous nul n'entrera jamais.

Jetez sur nous, ô tendre Mère,
   Un regard maternel;
Ne dédaignez pas la prière
   Que nous offrons à votre autel.

Donnez-nous l'aimable innocence
  Et d'esprit et de cœur ;
De la couronne de l'enfance
Le lis est la plus belle fleur.

Du ciel nous avons par nos crimes
  Provoqué le courroux ;
Daignez fermer les noirs abîmes
Et demander pardon pour nous.

O douce Mère, ô tendre Reine,
  Reine et Mère d'amour,
Marie, ah ! vous pouvez sans peine
Sauver tous vos enfants un jour.

N° 48.

Heureux les jours où je t'aimais, ma Mère,
Où j'aimais Dieu d'un vif et tendre amour !
Ces jours ont fui comme une ombre légère.
Bonne Marie, ont-ils fui sans retour ?

REFRAIN.

Oublîrais-tu ton enfant qui t'implore,
L'enfant qui pleure aux pieds de ton autel ?
Quoique pécheur, oui, ton cœur m'aime en-
[core ;
Rends-moi mon Dieu, Dieu me rendra le ciel.

Satan voudrait m'arracher l'espérance
Et me pousser au plus affreux malheur.
Oh ! n'es-tu pas la Mère de clémence?
Oh ! n'es-tu pas le salut du pécheur ?

Pourquoi, me dit-il, suivre la sagesse ?
Vis, vis sans crainte au gré de tes désirs;
Prends de ma main la coupe enchanteresse;
Bois à longs traits au torrent des plaisirs.

Et j'écoutai cet ennemi perfide ;
Mais, grâce au ciel, je comprends mon mal-
[heur.
Oui, désormais la foi sera mon guide ;
Oui, pour toujours je m'attache au Seigneur.

Viens, bonne Mère, oh ! viens fermer l'abîme,
L'abîme affreux où je suis entraîné.
C'est à regret que Dieu punit le crime ;
Dis un seul mot, tout sera pardonné.

N° 19.

Dans tous les cœurs la foi sommeille,
A vos autels nous accourons.
Sur les pécheurs votre amour veille,
Vous obtenez tous les pardons.
Cœur divin, réchauffez la terre,

Rendez-la belle de vertus.
Vous pouvez tout, cœur de ma Mère;
Que nos soupirs soient entendus.

REFRAIN.

Cœur sans tache, ô Vierge bénie,
Nous vous prions, exaucez-nous.
Au pécheur vous rendez la vie,
Nous n'avons plus d'espoir qu'en vous (*bis*)..

Partout vos divines louanges
Retentissent dans nos saints lieux.
Vous ravissez le Dieu des anges;
Vous êtes pure comme les cieux.
Vous brûlez des plus chastes flammes;
De vos feux embrasez nos cœurs.
Vous aussi vous aimez les âmes;
Sauvez-nous, sauvez les pécheurs.

Ah! que le monde vante à d'autres
Sa trompeuse félicité;
Rendez-nous la foi des apôtres
Et leur brûlante charité.
Soyez l'appui de la souffrance,
A tous prodiguez vos bienfaits;
Au mourant gardez l'espérance,
Donnez-lui l'éternelle paix.

C'est l'heure où par toute la terre
On vient en foule à vos autels;

Votre cœur reçoit, bonne Mère,
L'hommage de tous les mortels.
Partout on vous prie, on vous chante :
Le monde a tant de malheureux !
Toujours douce et compatissante,
Daignez sourire à tous nos vœux.

N° 20.

REFRAIN.

O Mère chérie,
Place-moi
Un jour dans la patrie
Près de toi.

Je suis aimé de toi, Mère chérie ;
Ce doux penser fait palpiter mon cœur.
C'est un parfum qui réjouit ma vie,
Et dans l'exil me donne le bonheur.

Quand viendra-t-il ce jour, Mère chérie,
Où je pourrai reposer sur ton cœur ?
Je veux du moins, ô divine Marie,
Chanter ton nom pour calmer ma douleur.

Le voyageur, au nom de sa patrie,
Sentit toujours renaître sa vigueur.
Ton nom puissant, ô divine Marie,
A plus encor d'empire sur mon cœur.

Dans les ennuis, à mon âme flétrie
Ton nom si cher rend le calme et la paix.
Dès qu'on t'implore, ô puissante Marie,
Le ciel sourit et verse ses bienfaits.

Ce nom si doux pour un enfant qui prie,
Je le redis mille fois chaque jour,
Et je le vois, ô divine Marie,
Ton œil sur moi repose avec amour.

N° 24.

RÉFRAIN.

Vierge Marie,
Nous avons tous recours à vous ;
Mère chérie,
Priez, priez pour nous (*bis*),
Pour nous.

Elle est pure, Marie,
Comme les rayons des cieux ;
Belle toujours, jamais flétrie,
Du Seigneur elle a charmé les yeux.

Vierge pure et féconde,
Dans une extase d'amour,
Elle enfanta le Dieu du monde,
L'Eternel pour nous enfants d'un jour.

C'est la douce lumière
Qui seule charme les cœurs;
Son tendre regard nous éclaire,
Et sa main vient essuyer nos pleurs.

C'est la Vierge puissante,
La Mère du saint amour;
Elle est fidèle, elle est clémente,
Elle est Reine au céleste séjour.

C'est la rose fleurie;
C'est le lis pur, virginal;
C'est le parfum de la prairie;
C'est le feu du rayon matinal.

Trône de la sagesse,
Cause de notre bonheur,
Vase de la sainte allégresse,
Vrai trésor des grâces du Seigneur.

Miroir de la justice,
Tour de David, maison d'or,
Des pécheurs refuge propice,
Loin de nous elle chasse la mort.

C'est l'arche d'alliance,
C'est l'étoile du matin,
C'est le baume de l'espérance
Dans un cœur blessé par le chagrin.

C'est la Reine des anges,
C'est la Reine des élus ;
Au ciel tout chante ses louanges,
Ses bienfaits, sa gloire et ses vertus.

N° 22.

REFRAIN.

Souvenez-vous, ô tendre Mère,
Qu'on n'eut jamais recours à vous
Sans voir exaucer sa prière,
Et dans ce jour exaucez-nous (*bis*).

Des siècles reculés j'interroge l'histoire ;
Pour dire ses bienfaits ils n'ont tous qu'une
[voix.
Verrai-je en un seul jour s'obscurcir tant de
[gloire ?
L'invoquerai-je en vain pour la première fois,
Pour la première fois ?

Marie aux vœux de tous prêta toujours l'o-
[reille ;
Le juste est son enfant, il peut tout sur son
[cœur.
Mais auprès du pécheur jour et nuit elle veille ;
Il est son fils aussi, l'enfant de sa douleur,
L'enfant de sa douleur.

Et moi de mes péchés traînant la longue
[chaîne,
Vierge sainte, à vos pieds j'implore mon par-
[don;
Me voici tout tremblant, et je n'ose qu'à peine
Lever les yeux vers vous, prononcer votre nom,
Prononcer votre nom.

Mais quoi! je sens mon cœur s'ouvrir à l'es-
[pérance,
Il retrouve la paix, il palpite d'amour.
Je n'ai pas vainement imploré sa clémence;
La Mère de Jésus est ma mère en ce jour,
Est ma mère en ce jour.

Mes vœux sont exaucés, puisque j'aime ma
[Mère,
Et que d'un feu si doux je me sens enflammé;
Je dirai donc aussi que, malgré ma misère,
Son cœur m'a répondu quand je l'ai réclamé,
Quand je l'ai réclamé.

Je n'ai plus qu'un désir à former sur la terre,
O ma Mère, mettez le comble à vos bienfaits;
Que j'expire à vos pieds et dans ce sanctuaire,
Si je ne dois au ciel vous aimer à jamais,
Vous aimer à jamais.

N° 23.

REFRAIN.

Souvenez-vous, ô Vierge, que nos pères
Jamais en vain n'imploraient vos faveurs.
Nous vous prions aussi, pauvres pécheurs ;
Bonne Marie, exaucez nos prières (*bis*).

Vous avez en tout lieu des autels séculaires,
Et l'histoire partout raconte vos bienfaits ;
Mon cœur, en invoquant la meilleure des
[mères,
Peut-il donc essuyer un refus ? Non, jamais.

J'ai délaissé le Dieu qui doit être mon juge,
Je suis loin du bercail, j'ai fui le bon Pasteur.
Mais je pleure à vos pieds ; où trouver un
[refuge,
Si vous ne daignez pas accueillir ma douleur ?

Vous aimez des cœurs purs les vœux et les
[louanges,
Mais vous aimez aussi le pécheur repentant.
Quand son heureux retour a réjoui les anges,
Vous lui dites tout bas : Tu seras mon enfant.

Prenez-moi par la main, Mère toujours si
[bonne ;

Dans les sentiers perdus où s'égarent mes
[pas,
Guidez-moi ; que jamais votre amour n'a-
[bandonne
Le coupable qui vient se jeter dans vos bras.

N° 24.

Elle est ma Mère ;
Comment ne l'aimerais-je pas ?
Je l'aime, et je ne puis le taire.
Comme l'aimable Stanislas,
Je veux dire à toute la terre :
Comment ne l'aimerais-je pas ?
Marie, elle est ma Mère.

Elle est ma Mère ;
Pourrait-elle ne m'aimer pas ?
Elle a pitié de ma misère,
Sa douce main guide mes pas ;
Elle est ma force et ma lumière.
Pourrait-elle ne m'aimer pas.
Marie, elle est ma Mère.

Elle est ma Mère ;
Ah ! je ne l'oublîrai jamais.
Dans son aimable sanctuaire
J'irai toujours chercher la paix ;
Toujours elle aura ma prière,

Non, je ne l'oublîrai jamais ;
    Marie, elle est ma Mère.

    Elle est ma Mère ;
Elle ne l'oublîra jamais.
Satan m'a déclaré la guerre,
Mais elle brisera ses traits.
Elle me soutient et m'éclaire,
Elle ne m'oublîra jamais ;
    Marie, elle est ma Mère.

    Elle est ma Mère ;
Je jure de l'aimer toujours.
Tant que je serai sur la terre,
Elle sera tous mes amours.
Je n'omettrai rien pour lui plaire,
Je jure de l'aimer toujours.
    Marie, elle est ma Mère.

    Elle est ma Mère ;
Elle aussi m'aimera toujours.
Oui, c'est en son nom que j'espère ;
Il sera mon puissant secours,
Surtout à mon heure dernière.
Elle aussi m'aimera toujours ;
    Marie, elle est ma Mère.

    Elle est ma Mère ;
Comment ne l'aimerais-je pas ?
Ah ! je l'aime, et, mon cœur l'espère,
Je l'aimerai jusqu'au trépas.

Je veux dire, en quittant la terre :
Comment ne l'aimerais-je pas ?
Marie, elle est ma Mère.

N° 25.

REFRAIN.

Aimer Marie est mon désir ;
Aimer Marie
Toute la vie,
Ou bien mourir,
Ou bien, ou bien mourir (bis).

Je veux l'aimer, elle est ma Mère ;
Son amour réclame le mien ;
Son cœur accueille ma prière ;
Son bras me guide, me soutient.
Et si parfois l'ange rebelle
A mon Jésus veut m'arracher,
Aussitôt la Vierge fidèle
Ouvre son cœur pour m'y cacher.

Je veux l'aimer, elle est ma Mère.
Hélas ! je l'ai tant fait souffrir !
J'ai dressé la croix du Calvaire ;
Que l'amour soit mon repentir.
Oui, pardonnez à ma faiblesse
Les crimes commis contre vous,

Et recevez avec tendresse
L'ingrat qui tombe à vos genoux.

Je veux l'aimer, elle est ma Mère,
Si grande et si bonne à la fois ;
Son visage n'est point sévère,
Et rien n'est plus doux que sa voix.
Pourrais-je ne pas aimer celle
Que le monde honore en tout lieu ?
Elle est si pure, elle est si belle,
Qu'elle a charmé le cœur de Dieu.

Je veux l'aimer, elle est ma Mère,
Et me le prouve chaque jour
En prodiguant à ma misère
Tous les trésors de son amour.
Ah ! plutôt que mon cœur oublie
De l'aimer et de la bénir,
O Jésus, je vous en supplie,
Faites-moi, faites-moi mourir.

Je veux l'aimer, elle est ma Mère ;
Son nom fait palpiter mon cœur,
Et l'unique soin de lui plaire
Fait ici-bas tout mon bonheur.
Oui, je veux, ô Vierge chérie,
T'aimer jusqu'à mon dernier jour,
Et dans tout le cours de ma vie
Ne point connaître d'autre amour.

N° 26.

Il est deux noms que j'aime à proférer :
Ce sont les noms de Jésus, de Marie ;
Je sens qu'alors mon âme est attendrie ;
Je sens mon cœur tressaillir, soupirer (*bis*).

REFRAIN.

Jésus, Marie,
O noms pleins de douceur,
Vrai charme de la vie,
Vous faites mon bonheur,
O Jésus, ô Marie,
O noms pleins de douceur,
Vrai charme de la vie,
Vous faites mon bonheur,
Oui, mon bonheur (*bis*).

Ces noms si doux, qui charment les douleurs,
Ces noms amis, que j'aime à les redire !
Ma lèvre s'ouvre au céleste sourire,
Et de mes yeux coule un torrent de pleurs.

Le jour, la nuit, aux heures du danger,
Ces noms puissants soutiennent mon courage.
Je ne crains plus, ils dissipent l'orage ;
Satan s'enfuit, Dieu vient me protéger.

J'invoquerai, quand il faudra mourir,
Ces noms sauveurs, l'espoir de ma faiblesse ;
Jésus, Marie, aux cris de ma détresse,
Du haut du ciel viendront me secourir.

Et moi j'irai dans l'immortel séjour
Eterniser mes concerts de louanges,
En redisant avec les chœurs des anges
Ces noms divins, mon bonheur, mon amour.

N° 27.

L'enfant près de sa tendre Mère
Goûte les charmes du bonheur ;
Déjà d'un avenir prospère
L'espérance berce son cœur.

REFRAIN.

Auprès de toi, Vierge chérie,
Je vois plus doux couler mes jours.
Je ne crains rien sous l'aile de Marie ;
Elle est ma Mère et me garde toujours.

Lorsque tout cède dans la plaine
Au souffle impétueux des vents,
L'arbuste, à l'abri du vieux chêne,
Brave la rage des autans.

Quand le pilote, après l'orage,
Revoit l'aurore d'un beau jour,
Bientôt la crainte du naufrage
Cède à l'espoir d'un prompt retour.

Près du berger l'agneau timide
Grandit sans crainte du malheur,
Et près de la source limpide
Vient reposer le voyageur.

L'exilé de sa triste vie
Compte les instants malheureux ;
Au souvenir de sa patrie,
Des pleurs amers mouillent ses yeux.

N° 28.

REFRAIN.

Je suis l'enfant de Marie,
Et ma Mère chérie
Me bénit chaque jour ;
Je suis l'enfant de Marie,
C'est le cri de mon cœur, c'est mon refrain
[d'amour,
C'est mon refrain d'amour (bis).

Qu'il est heureux, ô tendre Mère,
Celui qui t'a donné son cœur !

Est-il un état sur la terre
Qui puisse égaler son bonheur ?

Emblème de sa douce vie,
Le lis grandit dans le vallon ;
Jamais sa tige n'est flétrie
Par le souffle de l'aquilon.

Que craindrait l'enfant de Marie ?
Sa Mère est la Reine des cieux,
Et du cœur humble qui le prie
Elle aime à bénir tous les vœux.

Sur lui, comme une onde limpide,
Sa grâce descend à longs flots ;
A l'ombre de sa douce égide,
Toujours il trouve le repos.

O vous que la douleur oppresse,
Venez implorer sa bonté,
Et vous nagerez dans l'ivresse
D'une pure félicité.

Près de toi, Vierge tutélaire,
Heureux couleront tous mes jours ;
Des noirs chagrins la coupe amère
Jamais n'en troublera le cours.

Et quand le beau soir de ma vie
Apparaîtra devant mes yeux,
De vertus mon âme enrichie
Prendra son essor vers les cieux.

Quel bonheur pour toi, tendre Mère,
De couronner mon front vainqueur !
Pour ton enfant, Vierge si chère,
De te voir toujours quel bonheur !

N° 29.

Ah ! qu'elle est bonne, Marie (*trois fois*) ;
Même des pauvres pécheurs
Elle aime l'âme flétrie ;
Elle guérit tous les cœurs.
C'est elle qui nous pardonne ;
Elle ne délaisse personne.
 Marie, oh ! qu'elle est bonne (*bis*) !

Ah ! qu'elle est bonne, Marie !
Elle me porte en ses bras,
Et vers la belle patrie
Elle dirige mes pas.
Si contre moi le ciel tonne,
Elle se montre ma patronne.
 Marie, oh ! qu'elle est bonne !

Ah ! qu'elle est bonne, Marie !
En vain le cruel Satan
Arme sa noire furie,
Elle m'aime et me défend.
Sa tendresse m'environne,

L'enfer d'un vain courroux frissonne.
Marie, oh ! qu'elle est bonne !

Ah ! qu'elle est bonne, Marie !
Un seul regard de ses yeux
Aux pécheurs donne la vie
Et leur assure les cieux.
Elle nous prépare un trône,
Elle nous tresse une couronne.
Marie, oh ! qu'elle est bonne !

N° 30.

Bénissons de Marie le saint nom ;
Pour ses enfants il est si doux !
De le célébrer montrons-nous
    Tous jaloux.

Respectons la puissance de ce nom,
Rendons-lui d'immortels honneurs ;
Seul il nous comble de faveurs,
    De bonheur.

Implorons la clémence de ce nom ;
Qu'il soit le charme de nos jours ;
Il est digne de nos amours
    Pour toujours.

Que ce nom a de charmes à nos yeux !
C'est le refuge des pécheurs ;

Il peut dissiper nos malheurs
 Et nos pleurs.

Donne-nous, ô Marie, ton amour.
 Ouvre les bras à tes enfants;
 Conserve leurs cœurs innocents
 Et fervents.

Prenez, divine Mère, notre cœur.
 Comme des enfants généreux,
 Nous vous l'offrons pour être heureux
 Dans les cieux.

N° 31.

REFRAIN.

De Marie
 Qu'on publie
Et la gloire et les grandeurs;
 Qu'on l'honore,
 Qu'on l'implore,
Qu'elle règne sur nos cœurs.

Unis aux concerts des anges,
 Aimable Reine des cieux,
 Nous célébrons tes louanges
 Par nos chants mélodieux.

Auprès d'elle la nature
 Est sans grâce et sans beauté,

Les cieux mêmes sans parure,
L'astre du jour sans clarté.

C'est le lis de la vallée,
Dont le parfum précieux
Sur la terre désolée
Attire le Roi des cieux.

C'est l'auguste sanctuaire
Que le Dieu de majesté
Inonde de sa lumière,
Embellit de sa beauté.

C'est la Vierge incomparable,
Gloire et salut d'Israël,
Qui pour un monde coupable
Fléchit le courroux du ciel.

C'est la Vierge, c'est Marie.
Dans ce nom que de douceur !
Nom d'une Mère chérie,
Nom, doux espoir du pécheur.

Ah ! vous seul pouvez nous dire,
Mortels qui l'avez goûté,
Combien doux est son empire,
Combien grande est sa bonté.

Qui jamais de la détresse
Lui fit entendre le cri,
Et n'obtint de sa tendresse
Sous son aile un sûr abri ?

Vous qui d'un monde perfide
Craignez les puissants appas,
Si Marie est votre égide,
Vous ne succomberez pas.

En vain l'enfer en furie
Frémirait autour de vous;
Si vous invoquez Marie,
Vous braverez son courroux.

Oui, je veux, ô tendre Mère,
Jusqu'à mon dernier soupir,
T'aimer, te servir, te plaire,
Et pour toi vivre et mourir.

N° 32.

REFRAIN.

C'est le nom de Marie
Qu'on célèbre en ce jour;
O famille chérie,
Chantez ce nom d'amour.

C'est le nom d'une Mère,
Chantez, heureux enfants;
Unissez, pour lui plaire,
Et vos cœurs et vos chants.

C'est un nom de puissance,
Un nom plein de douceur ;
Mais toujours sa clémence
Surpasse sa grandeur.

C'est un nom de victoire ;
Il dompte les enfers ;
Il nous donne la gloire
De briser tous nos fers.

C'est un nom d'espérance
Au pécheur repentant,
Un gage d'innocence
Au cœur juste et fervent.

Il n'est rien de plus tendre,
Il n'est rien de plus fort ;
Le ciel aime à l'entendre ;
Pour l'enfer c'est la mort.

Il est doux à la terre,
Il est plus doux au ciel ;
Un cœur pur le préfère
A la douceur du miel.

Que le nom de ma Mère,
Au dernier de mes jours,
Soit toute ma prière,
Qu'il soit tout mon secours.

N° 33.

REFRAIN.

Gloire à Dieu ! lui seul est grand.
Gloire à Dieu !
L'humble par lui triomphe sur la terre,
Et l'orgueilleux rentre dans la poussière.
Gloire à Dieu ! lui seul est grand.
Gloire à Dieu ! l'homme est néant.

Il règne en moi, le Dieu que l'univers adore ;
Mon âme a tressailli d'amour.
Terre, bénis son nom du couchant à l'aurore ;
Mon Dieu te prépare un beau jour (bis).

Pauvre fille d'Adam, d'où te vient tant de
Vierge et Mère d'un Dieu sauveur, [gloire?
Les peuples affranchis béniront ta mémoire,
Les cieux envîront ton bonheur.

Sa main au front des rois arrache leurs cou-
Par lui leurs sceptres sont brisés, [ronnes,
Et je vois les petits resplendir sur des trônes ;
Jamais ils ne sont délaissés.

Du riche et du méchant que lui fait la colère ?
Il parle, et l'orgueilleux n'est plus.
Mais l'humble qui l'implore en son Dieu
[trouve un père ;
Toujours ses vœux sont entendus.

L'oppresseur périra; Dieu, que son crime
    Détruira sa postérité.   [outrage,
Heureux les fils du juste ! ils vivront d'âge en
    Ils vivront dans l'éternité.   [âge,

Offrez, peuples et rois, vos vœux et vos prières
    A l'envoyé de l'Eternel ;
C'est lui, c'est le Seigneur qu'ont invoqué nos
    C'est le Rédempteur d'Israël.   [pères,

N° 34.

REFRAIN.

Gloire à Dieu ! que toute la terre
    Tressaille d'amour !
Le Seigneur a fait ce beau jour ;
    Une Vierge est sa Mère.

Mon âme a tressailli ; je sens, je sens mon cœur
Palpiter sous l'effort de son amour vain-
    Je cède, et je livre mon âme   [queur ;
    A cette heureuse flamme.
Mon Dieu, mon Dieu triomphe, et c'est un
                  [Dieu sauveur !

C'en est fait, dès ce jour, le temps, l'éternité,
L'homme, l'ange et Dieu même à ma félicité
    Rendront un immortel hommage ;
    On dira d'âge en âge :

Heureux, Seigneur, le sein qui vous aura
[porté !

Il a fait en mon âme un miracle éclatant :
Le Roi des cieux en moi s'est fait petit enfant ;
 Il montre sa toute-puissance,
  Sa bonté, sa clémence ;
Plus il veut s'abaisser, plus il se montre grand.

Il a fait éclater la force de son bras ;
Du faible et du petit il a guidé les pas.
 Mais il écrase le superbe,
  Il foule comme l'herbe
Les mortels orgueilleux et les livre au trépas.

Il dit, et sa parole a détrôné les rois ;
Leurs sceptres sont brisés au seul son de sa
 Mais il tire de la poussière   [voix.
  Les pauvres de la terre,
Les pauvres qui tremblaient sous de cruelles
[lois.

Il offre au malheureux ses dons et ses bien-
[faits,
Il verse dans son âme une source de paix.
 Mais il se montre impitoyable
  Au cœur riche et coupable :
Le cœur ambitieux, Dieu ne l'aima jamais.

C'est le Dieu d'Israël, le Dieu des anciens
[jours,

Nos pères espéraient en son puissant secours,
Et lui, fidèle à sa parole,
Il vient, il nous console ;
Qu'il règne dans les cieux, qu'il y règne tou-
[jours.

N° 35.

Reine du ciel, Vierge Marie,
O vous, ma patronne chérie,
De tout mortel qui souffre et prie
Souvenez-vous, souvenez-vous ;
Vous d'un Dieu virginale Mère,
Qui des cieux rapprochez la terre,
Vous par qui le pécheur espère,
    Priez pour nous.

O des élus fleur précieuse,
Rose blanche et mystérieuse,
De la vierge simple et pieuse
Souvenez-vous, souvenez-vous ;
Souvenez-vous de nos misères,
De nos larmes, de nos prières,
Des enfants qui n'ont plus de mères.
    Priez pour nous.

Du pauvre opprimé sans défense,
Du malade sans espérance
Et du mourant sans assistance
Souvenez-vous, souvenez-vous.

Reine des saints, Reine des anges,
Recevez-nous dans vos phalanges ;
Qu'au ciel nous chantions vos louanges.
Priez pour nous.

N° 86.

Vois à tes pieds, Vierge Marie,
Les enfants sur qui chaque jour
S'épanchent de ta main chérie
Les flots si doux du pur amour.

REFRAIN.

Tous heureux, dans ton sanctuaire
Nous revenons célébrer tes bienfaits.
Crois-en nos cœurs, auguste et tendre Mère,
Nous ne t'oublirons jamais,
Non, non, non, non, jamais,
Jamais, jamais.

Le monde de sa folle ivresse
En vain nous offre les douceurs :
Loin de sa coupe enchanteresse
Une Mère garde nos cœurs.

Cent fois, planant sur notre tête,
La foudre a menacé nos jours ;
Quand gronde la noire tempête,
Marie en détourne le cours.

L'enfer en vain frémit de rage
Et contre nous lance ses traits :
Marie aide notre courage,
Nous ne succomberons jamais.

Vierge, notre douce espérance,
Nous t'en prions, guide nos pas.
Ta main conduisit notre enfance ;
Protége-nous dans les combats.

A tes bontés toujours fidèle,
Rends nos ennemis impuissants ;
Daigne nous couvrir de ton aile,
Marie, exauce tes enfants.

N° 37.

A l'ombre salutaire
De ce doux sanctuaire,
J'aime à venir, pauvre pécheur ;
Car c'est là que ma Mère
A béni ma prière,
Et c'est là que mon cœur } *bis*.
A trouvé le bonheur

REFRAIN.

Oui, dans ton sanctuaire,
Tu nous donnes la paix ;
Nous viendrons, ô bonne Mère, } *bis*.
Implorer tes bienfaits,
Implorer tes bienfaits.

Sois béni, temple auguste;
Saint autel où le Juste
S'immole encor pour le pécheur:
Ici comme au Calvaire,
Je rencontre ma Mère,
Et c'est là que mon cœur
A trouvé le bonheur.

Vous que la vague inonde
Sur l'océan du monde,
Pour vous préserver de malheur;
A l'autel de Marie
Accourez, je vous prie;
Car c'est là que mon cœur
A trouvé le bonheur.

Jusqu'a l'heure dernière,
Je veux dire à la terre :
Non, tu n'as rien, monde imposteur;
Non, rien que je préfère
A l'autel de ma Mère;
Car c'est là que mon cœur
A trouvé le bonheur.

N° 38.

Reine des cieux,
Jette les yeux
Sur ce béni sanctuaire;

Et des pécheurs
Guéris les cœurs,
Et montre-toi notre Mère (*bis*).

Entends nos vœux,
Rends-nous heureux
En nous donnant la victoire,
Et pour jamais
De tes bienfaits
Nous garderons la mémoire.

Mets en nos cœurs
Les belles fleurs,
Symboles de l'innocence ;
Conserve-nous
Les dons si doux
De foi, d'amour, d'espérance.

Ne souffre pas
Que le trépas
Nous surprenne dans le crime ;
Non, ton enfant
Du noir Serpent
Ne sera point la victime.

Si les accents
De tes enfants
S'élèvent jusqu'à ton trône,
Dans ce séjour
Du bel amour,
Garde-leur une couronne.

Accorde-nous
De t'aimer tous
Dans la céleste patrie,
Et d'y fêter,
Et d'y chanter
L'aimable nom de Marie.

N° 39.

REFRAIN.

Séjour de paix,
Si plein d'attraits,
Saint temple de Marie,
Que j'aime à te revoir !
Que je voudrais pouvoir
Passer ici ma vie,
Séjour de paix (*bis*) !

J'aime ton sanctuaire,
O Reine de mon cœur !
J'y trouve le bonheur,
Car j'y trouve une Mère.

Oh ! quelles douces larmes
On verse auprès de toi !
Ici toujours pour moi
L'amour a plus de charmes.

Comment pourrais-je vivre
Loin de ton saint autel ?
En me montrant le ciel,
Tu me dis de te suivre.

Ici ta voix si douce
Console ma douleur;
Ici du Tentateur
Le trait mortel s'émousse.

Ici par tes promesses
Tu sais m'encourager,
Ici me soulager
Par tes saintes caresses.

Ici tu m'environnes
D'une vive clarté ;
Des dons de ta bonté
Ici tu me couronnes.

N° 40.

Ici m'amène
 Votre amour,
 O Reine
Du divin séjour !

REFRAIN.

Mère chérie
 Du Sauveur,

Marie,
Recevez mon cœur (*bis*).

Dans cette enceinte
Je prîrai ;
Sans crainte
J'y reposerai.

Quelle tendresse !
Votre cœur
Sans cesse
S'ouvre à tout pécheur.

C'est un asile
Où, toujours
Tranquille,
On coule ses jours.

C'est là que l'âme,
Quel bonheur !
S'enflamme
D'une vive ardeur.

Avec la Reine
Des élus,
Sans peine
On trouve Jésus.

Je vous confie
Pour jamais
Ma vie
Et mes intérêts.

Domptez l'audace
De Satan ;
De grâce,
Sauvez votre enfant.

Ah ! sous votre aile,
Rendez-moi
Fidèle
A mon divin Roi.

N⁰ 41.

Salut, salut, ô Vierge tutélaire,
Reine du ciel, qui sauvas nos aïeux !
De tes enfants devant ton sanctuaire
Vois s'incliner le front respectueux,
Et, de ton trône où règne la clémence,
Entends le chant de la reconnaissance.
T'aimer toujours, doux espoir des mortels,
T'aimer toujours, bienfaisante Marie,
C'est le serment que notre âme attendrie
Dans ce grand jour prononce à tes autels ;
T'aimer toujours, doux espoir des mortels,
T'aimer toujours, bienfaisante Marie,
  T'aimer toujours (*bis*).

REFRAIN.

T'aimer toujours, doux espoir des mortels,
T'aimer toujours, bienfaisante Marie,
C'est le serment que notre âme attendrie

Dans ce grand jour prononce à tes autels ;
T'aimer toujours, ô doux espoir des mortels,
T'aimer toujours, ô bienfaisante Marie,
    T'aimer toujours (*bis*),
      Toujours (*bis*).

Du haut des cieux, tu vois notre misère ;
Jette sur nous un regard maternel.
Mère du Christ, entends notre prière,
Entends le chant d'un amour éternel.
Sur les enfers donne-nous la victoire,
Et dans le ciel nous chanterons ta gloire.
    T'aimer toujours... (*Comme au premier
                        [couplet.*)

N° 42.

REFRAIN.

O ma Reine, ô Vierge Marie,
    Je vous donne mon cœur,
Je vous consacre pour la vie
    Mes peines, mon bonheur.

Je me donne à vous, ô ma Mère,
    Je me jette en vos bras ;
Marie, exaucez ma prière, } *bis.*
    Ne m'abandonnez pas. }

Je vous donne mon corps, mon âme
    Aujourd'hui pour jamais,
Marie, et de vous je réclame
    Un doux regard de paix.

Je vous donne toute espérance,
    Tout souhait, tout désir ;
Marie, ah ! consolez d'avance
    Mes peines à venir.

Je vous donne toutes mes larmes,
    Je les mêle à vos pleurs ;
Marie, ah ! vous donnez des charmes
    Aux plus grandes douleurs.

Je vous donne toutes les craintes
    Qui viendront m'assaillir ;
Marie, à vous seule mes plaintes
    Jusqu'au dernier soupir.

Je vous donne la dernière heure
    Du dernier de mes jours ;
Marie, ah ! faites que je meure
    En vous aimant toujours.

Gloire à Jésus, gloire à sa Mère,
    En tout temps, en tout lieu !
Amour et gloire sur la terre !
    Gloire, amour dans les cieux !

N° 43.

Comblés de tes douces faveurs,
Dans le transport qui nous entraîne,
    A ton cœur, divine Reine,
Nous venons consacrer nos cœurs.
Toujours vivra dans notre âme attendrie
Le souvenir de tes touchants bienfaits.

REFRAIN.

Nous t'oublier, Mère chérie !
Non, non, jamais (*bis*) !
Nous t'oublier, Mère chérie !
Non, non, jamais (*quatre fois*) !

Le ciel est sombre, et chaque jour
Sur nos têtes l'orage gronde.
Contre nous murmure le monde ;
Il veut te ravir notre amour.
Mais de l'enfer nous bravons la furie ;
Dans notre cœur tu fais régner la paix.

Partout des piéges séducteurs
Sont tendus à notre innocence ;
Par une coupable inconstance,
Irions-nous nous joindre aux pécheurs ?
Non, l'innocence, ô divine Marie,
Pour nous toujours aura de doux attraits.

A tes lois, Mère du Sauveur,
Si nous sommes toujours fidèles,
Au sein des clartés immortelles
Nous contemplerons ta splendeur.
Ce doux espoir de notre âme ravie
Fait le bonheur et lui donne la paix.

Heureux le jour où tes enfants,
Inclinés au pied de ton trône,

Verront l'immortelle couronne
  Briller sur leurs fronts triomphants !
Oh ! quel bonheur pour eux, tendre Marie,
De te bénir, de te voir à jamais !

N° 44.

Vierge sainte, Mère admirable,
Toi dont nous aimons les autels,
Prête une oreille favorable
A nos cantiques solennels.
Tu sais que nous voulons te plaire,
T'aimer, te bénir tous les jours ;
Vierge, montre-toi notre Mère   } *bis.*
   Toujours, toujours, toujours.

Celui qu'écrasa ta puissance
Veille à la porte de nos cœurs,
Et, pour nous ravir l'innocence,
Sous nos pas il sème les fleurs.
Nous pourrions, ingrats, te déplaire,
Toi qui nous combles de bienfaits !
Nous t'oublier, auguste Mère !
   Jamais, jamais, jamais.

Du mondain si l'indifférence
D'amertume abreuve ton cœur,
Lors même que dans ta clémence
Tu tends les bras à son malheur,

Nous du moins, nous voulons te plaire,
T'aimer, te bénir tous les jours.
Vierge, montre-toi notre Mère
    Toujours, toujours, toujours.

Malheur à l'aveugle coupable
Qui trahirait l'heureux serment
Qu'il te fit, Reine tout aimable,
De te servir fidèlement !
Plutôt mourir que te déplaire,
Toi qui nous combles de bienfaits.
Nous t'oublier, auguste Mère !
    Jamais, jamais, jamais.

N° 45.

Jour mille fois heureux ! offrande salutaire !
C'en est donc fait, Marie a reçu nos serments;
De la Mère de Dieu nous sommes les enfants.
Honneur, respect, amour à notre auguste
                      [Mère !

REFRAIN.

Oui, nous l'avons juré, nous sommes ses
                      [enfants.
Nous faisons de nos cœurs le don le plus
                      [sincère ;
Que la terre et les cieux redisent nos ser-
                      [ments.

Guerre au monde, à Satan (*bis*)! amour à
[notre Mère (*bis*)!

Si, parjure à mes vœux, je te quitte, ô Marie,
Que ma langue à l'instant s'attache à mon
[palais,
Que ma droite séchée atteste pour jamais
Aux yeux du monde entier ma lâche perfidie.

Si, pour nous enchaîner, des faux biens de la
[vie
Le monde offre à nos yeux les attraits impos-
[teurs,
Disons-lui, repoussant ses funestes douceurs :
Mon cœur n'est plus à moi, mon cœur est à
[Marie.

Pour prix de nos efforts, un nuage de gloire
Au ciel nous portera quand s'éteindront nos
[jours ;
Là, de nos longs travaux délassés pour tou-
[jours,
Nous nous reposerons au sein de la victoire.

Etoile de la mer, exposés aux naufrages,
Sans guide, loin de toi, quel serait notre sort?
Brille toujours pour nous, fais-nous surgir au
[port ;
Pour nous calme les flots, dissipe les orages.

N° 46.

Je l'ai juré, j'appartiens à Marie ;
Après Jésus, elle est tout mon amour.
A l'honorer je consacre ma vie ;
Je l'aimerai jusqu'à mon dernier jour.

REFRAIN.

Je l'ai juré (*bis*),
C'est pour la vie ;
Mon serment est sacré.
Je l'ai juré,
C'est pour la vie ;
Mon serment est sacré.
J'appartiens à Marie !

Je l'ai juré, Seigneur, tes tabernacles
Seront toujours ma force, mon secours.
Toujours Marie y goûta tes oracles ;
Ils seront seuls ma joie et mes amours.

Je l'ai juré, le luxe, la parure
N'aura pour moi nul attrait séduisant ;
A ton école, ô Vierge la plus pure,
J'irai chercher le seul charme puissant.

Je l'ai juré, de mon aimable Mère
Je graverai les doux traits dans mon cœur ;

A retracer une image si chère
Mon tendre amour mettra tout son bonheur.

Je l'ai juré, dans ce doux sanctuaire
Chaque fête me verra de retour.
Mon cœur, pressé d'y bénir une Mère,
Y redira ses cantiques d'amour.

N° 47.

Il faut quitter le sanctuaire
Où j'ai retrouvé le bonheur ;
Mais je veux auprès de ma Mère,
Je veux ici laisser mon cœur.

REFRAIN.
Je pars, adieu, Mère chérie,
Adieu, ma joie et mes amours ;
Toujours je t'aimerai, Marie,
Toujours, toujours, toujours, toujours.

J'avais le cœur si plein de larmes
Quand j'approchai de ton autel !
Mais tu mis fin à mes alarmes
Par un seul regard maternel.

J'ai retrouvé de l'espérance
Sitôt que je fus devant toi ;
Ton cœur toujours plein de clémence
Au cœur de Dieu parlait pour moi.

Tu répondis à ma prière
Par un regard du haut des cieux ;
Et tu m'as dit : Je suis ta Mère,
Toujours sur toi j'aurai les yeux.

Oui, je le crois, au moment même
Où je priais à ton autel,
Ton cœur m'a dit : Enfant que j'aime,
Tu m'aimeras un jour au ciel.

Ah ! je voudrais, Vierge fidèle,
Rester toujours à tes genoux
Jusqu'à ce que la mort m'appelle.
Mourir ici serait si doux !

CANTIQUES DE CIRCONSTANCE.

Compassion.

Debout sur le mont du Calvaire
    Où Jésus expirait,
Debout près de la croix, sa Mère,
    Sa tendre Mère pleurait.

REFRAIN.

Sainte Vierge Marie,
  O Mère de douleurs,
A mon âme attendrie
  Donnez, donnez des pleurs.

Alors sa tête était couverte
    D'un nuage sanglant ;
Alors son âme était ouverte
    Par un glaive déchirant.

Une Mère, ô douleur profonde !
    Immobile et sans voix,

Contemplait le Sauveur du monde
    Expirant sur une croix.

Ah ! qui pourrait donc avec elle
    Refuser de souffrir ?
En voyant sa douleur mortelle,
    Qui craindrait donc de mourir ?

Elle était près de la colonne
    Où Jésus fut frappé ;
Elle a vu sa triste couronne
    Et son sceptre ensanglanté.

Elle entendit ses tristes plaintes
    Et ses derniers soupirs ;
Par son amour, ses pleurs, ses craintes,
    C'est la Reine des martyrs.

Elle a vu le fer de la lance
    Lui déchirer le cœur,
Et couler avec abondance
    Le sang de notre Sauveur.

Ah ! faites qu'avec vous je pleure,
    Tendre Mère d'amour ;
Ah ! faites qu'avec vous je meure,
    Oui, que je meure en ce jour.

Venez, et gravez en mon âme
    Ses douleurs et ses traits ;
Allumez en mon cœur sa flamme,
    Et qu'elle y brûle à jamais.

Contre l'enfer et notre juge
    Défendez-nous un jour ;
Vierge, ici-bas notre refuge,
    Au ciel soyez notre amour.

Pâques.

REFRAIN.

Triomphe, victoire,
Amour, honneur et gloire !
Voici, voici le jour
Où triomphe l'amour.

Jésus dompte la mort, Jésus est plein de vie ;
Honneur, amour et gloire à Jésus, à Marie !

Vierge sainte, le Dieu qui s'est fait votre en-
                             [fant
Ne pouvait du tombeau subir la pourriture ;
Le Roi des cieux, Jésus, le Dieu de la nature,
    Ne pouvait mourir qu'un instant.

Votre Fils a quitté son tombeau glorieux ;
Aux premiers feux du jour, fidèle à sa pro-
                             [messe,
Il s'est levé des morts. Tout brille d'allégresse
    Sur la terre, au plus haut des cieux.

Vous avez partagé ses amères douleurs,
Vous vouliez avec lui mourir sur le Calvaire ;

Entrez donc dans sa joie, ô douce et tendre
  Et priez-le pour les pécheurs.   [Mère,

Assomption.

REFRAIN.

Chantez, anges de Dieu, chantez l'hymne de
                             [gloire;
A votre Souveraine offrez, offrez des vœux.
La voyez-vous briller sur son char de victoire?
    Marie a triomphé,
    Marie est dans les cieux (*bis*).
Marie a triomphé, Marie est dans les cieux.
Chantez, anges de Dieu, chantez l'hymne de
    Marie est dans les cieux;   [gloire,
Marie a triomphé, Marie est dans les cieux.

    C'est votre Fils lui-même,
    Reine du firmament,
    Qui ceint du diadème
    Votre front triomphant.
    Vous avez au Calvaire
    Répandu tant de pleurs !
    Aujourd'hui, bonne Mère,
    Oubliez vos douleurs.

    De nous qu'il vous souvienne
    Dans l'éternel séjour.
    Puissions-nous, grande Reine,

Au ciel vous voir un jour !
Dans l'exil de la vie,
Consolez notre cœur ;
Guidez vers la patrie
Le pauvre voyageur.

Mois de Marie.

Ce mois béni vous offre sa parure,
Vierge qu'implore et chante l'univers ;
Et les oiseaux, sous leur toit de verdure,
A nos accents unissent leurs concerts.

REFRAIN.

Pour vous fêter, les cités, les campagnes
   Partout décorent vos autels,
Et les échos des bois et des montagnes
   Répètent nos chants solennels.

Semblable au lis dont la tige embaumée
Brille à nos yeux comme un reflet du ciel,
Votre âme pure, ô Vierge bien-aimée,
Sera toujours la gloire d'Israël.

Si le printemps vous donne son feuillage,
Ses jours sereins, sa rosée et ses fleurs,
Nous, à vos pieds, vénérant votre image,
Nous déposons notre encens et nos cœurs.

Tels que la fleur, image de la vie,
Qu'on voit éclore et ne régner qu'un jour,
Dans cet exil nous passons, ô Marie,
En espérant votre immortel séjour.

N° 1.

REFRAIN.

C'est le mois de Marie,
C'est le mois le plus beau ;
A la Vierge chérie
Disons un chant nouveau.

Ornons le sanctuaire
De nos plus belles fleurs ;
Offrons à notre Mère
Et nos chants et nos cœurs.

De la saison nouvelle
On vante les bienfaits ;
Marie est bien plus belle,
Plus doux sont ses attraits.

L'étoile éblouissante
Qui jette au loin ses feux
Est bien moins éclatante,
Son aspect moins pompeux.

Au vallon solitaire
Le lis par sa blancheur

De cette Vierge-Mère
Retrace la candeur.

Aimable violette,
Ta modeste beauté
Est l'image imparfaite
De son humilité.

La rose épanouie
Aux premiers feux du jour
Nous peint bien de Marie
L'inépuisable amour.

O Vierge, viens toi-même,
Viens semer dans nos cœurs
Les vertus dont l'emblème
Se découvre en ces fleurs.

Défends notre jeunesse
Des plaisirs séduisants ;
Montre-nous ta tendresse
Jusqu'à nos derniers ans.

Fais que dans la patrie
Nous chantions à jamais,
O divine Marie,
Ton nom et tes bienfaits.

N° 2.

REFRAIN.

Bonne Marie,
Mère chérie,

Souris aux chants
De tes enfants.
Bonne Marie,
Mère chérie,
Bénis ces heureux jours,
Veille sur nous toujours.
Bonne Marie,
Mère chérie,
Bénis ces heureux jours (*bis*),
Veille sur nous (*bis*), veille sur nous tou-
[jours (*bis*).
Veille sur nous (*bis*) toujours, toujours ;
Veille sur nous (*bis*) toujours, toujours ;

Nous que l'amour aux pieds de notre Mère
A rassemblés, inspirés par la foi,
Heureux enfants, dans ce doux sanctuaire,
A nos transports réunissons nos voix.

Puisque son Fils lui donna tant de gloire,
Nous, ses enfants, exaltons ses grandeurs ;
Bénissons-la par nos chants de victoire,
Nous aurons part à ses douces faveurs.

En sa bonté tout notre espoir se fonde ;
Que tout ici brûle de ses ardeurs ;
Aux chants du ciel que la terre réponde :
Amour, amour à la Reine des cœurs !

CANTIQUES DIVERS.

N° 1.

REFRAIN.

Pardon, mon Dieu, pardon,
 Mon Dieu, pardon (*bis*),
Vous êtes un Dieu bon ;
 Mon Dieu, pardon,
Vous êtes un Dieu bon.

Mon Dieu, mon cœur touché
 D'avoir péché
 Demande grâce.
Il est humilié ;
Ah ! prenez-en pitié.
Pourrez-vous pour jamais lui cacher votre
        [face?
 Vous m'avez dit souvent :
  Viens, mon enfant,
  Sois-moi fidèle.
J'allais à mes plaisirs

6

Au gré de mes désirs.
Ah ! depuis trop longtemps vous me souffrez
[rebelle.
Je me suis égaré ;
Mais ramené
A la justice,
Je vous prie. Ah ! Seigneur,
Pardonnez mon erreur ;
Que votre charité daigne m'être propice.

Comme le publicain,
Confus, chagrin,
Je hais mon crime.
Je suis un grand pécheur,
Mais vous, ô mon Sauveur,
Vous avez satisfait, vous offrant pour victime.

Oui, tant que je vivrai,
Je vous dirai :
Dieu de clémence,
Regardez ma douleur,
Oubliez mon malheur,
Voyez le sang divin qui lave mon offense.

N° 2.

Noël.

REFRAIN.

Gloria Patri,
Gloria semper Filio.

Gloria tibi
Spiritui sancto.
Cantate Domino,
Pastores, vigilate,
Cantate laudes cum cantico..

Quelle merveille!
Les anges chantent dans les airs;
Prêtons l'oreille
A leurs doux concerts.
Le ciel s'ouvre aujourd'hui;
Un Dieu vient sur la terre,
Et, brisant son tonnerre,
A la paix avec lui.

O sainte ivresse !
O jour de joie et de bonheur !
Répétons sans cesse :
Gloire au Dieu sauveur !
Du tyran des enfers
Il a détruit les armes,
Il a séché nos larmes,
Il a brisé nos fers.

Enfant aimable,
Toi qui peux seul nous rendre heureux,
Enfant adorable,
Comble tous nos vœux.
O prince de la paix,
Que doux est ton empire !

Heureux qui ne soupire
Que pour tes saints attraits!

N° 3.

Silence, ciel! silence, terre!
Demeurez dans l'étonnement.
Un Dieu pour nous se fait enfant;
L'amour, vainqueur en ce mystère,
    Le captive aujourd'hui,
  Tandis que toute la terre
Que toute la terre est à lui.

Disparaissez, ombres, figures,
Faites place à la vérité;
De notre Dieu l'humanité
Vient accomplir les Ecritures.
    Il naît pauvre aujourd'hui,
  Tandis que, etc.

Il a pour palais une étable,
Pour courtisans des animaux,
Pour lit la paille et des roseaux;
Et c'est cet état lamentable
    Qu'il choisit aujourd'hui,
  Tandis que, etc.

Quel spectacle, humaine sagesse!
La grandeur dans l'abaissement;
L'Eternel, enfant d'un moment;

Un Dieu revêtu de faiblesse,
　　Souffrant et sans appui,
　Tandis que, etc.

Venez, pasteurs, en diligence,
Adorez votre Dieu sauveur ;
Il est jaloux de votre cœur,
Il vous aime par préférence.
　　Il naît pauvre aujourd'hui,
　Tandis que, etc.

N° 4.

　Venez, divin Messie,
Sauvez nos jours infortunés ;
　Venez, source de vie,
　Venez, venez, venez.

Ah ! descendez, hâtez vos pas,
Sauvez les hommes du trépas.
Secourez-nous, ne tardez pas.
　Venez, divin Messie,
Sauvez nos jours infortunés ;
　Venez, source de vie,
　Venez, venez, venez.

Ah ! désarmez votre courroux,
Nous soupirons à vos genoux ;
Seigneur, nous n'espérons qu'en vous.
　　Pour nous livrer la guerre,

Tous les enfers sont déchaînés ;
Descendez sur la terre,
Venez, venez, venez.

Que nos soupirs soient entendus :
Les biens que nous avons perdus
Ne nous seront-ils pas rendus ?
Voyez couler nos larmes ;
Grand Dieu ! si vous nous pardonnez,
Nous n'aurons plus d'alarmes,
Venez, venez, venez.

Si vous venez en ces bas lieux,
Nous vous verrons, victorieux,
Fermer l'enfer, ouvrir les cieux.
Nous l'espérons sans cesse,
Les cieux nous furent destinés ;
Tenez votre promesse,
Venez, venez, venez.

Ah ! puissions-nous chanter un jour,
Dans votre bienheureuse cour,
Et votre gloire et votre amour !
C'est là l'heureux partage
De ceux que vous prédestinez ;
Donnez-nous-en le gage,
Venez, venez, venez.

Ascension.

REFRAIN.

Les larmes ont cessé,
Le chant de la victoire
Retentit en tous lieux.
Jésus a triomphé,
Chantons, chantons sa gloire ;
Jésus est dans les cieux.

Gardiens des célestes portiques,
Esprits, ministres de l'Agneau,
Pourquoi ces fêtes, ces cantiques ?
Quel est ce spectacle nouveau ?
A qui préparez-vous un trône ?
Quel est ce monarque vainqueur ?
Quel front va ceindre une couronne
Brillante d'immortelles fleurs ?

Jésus va goûter sa victoire
Et le fruit de ses longs combats ;
Assis sur un trône de gloire,
Il m'invite à suivre ses pas.
Le ciel sera mon héritage,
Je partagerai son bonheur,
Et son triomphe est l'heureux gage
De ma gloire et de ma grandeur.

Sacré Cœur de Jésus.

REFRAIN.

Volons, volons, mon âme,
Vers le cœur de Jésus,
Pour brûler de la flamme
Dont brûlent les élus.
Vers cet heureux asile
Où t'attend le bonheur,
Vole d'une aile agile,
Vole, mon pauvre cœur.

Vole au plus tôt, vole, vole, mon âme,
Vers cet asile où t'appelle Jésus.
Là, dans ton sein s'allumera la flamme
Dont brûle au ciel le peuple des élus.

O ma pauvre âme, ô colombe timide,
Tu n'auras plus à craindre le chasseur.
Là, vainement de sa flèche rapide
Il chercherait à te frapper au cœur.

Que tardes-tu? vois comme dans le monde
Tout n'est qu'ennuis et périls et grands maux;
Mais dans ce cœur, de bien source féconde,
Tout est plaisirs, délices et repos.

Là, dans la paix l'âme passe sa vie,
Et doucement au dernier jour s'endort.

O sort heureux ! ô fin digne d'envie !
Que de bonheur dans une telle mort !

Toussaint.

 Le ciel en est le prix :
 Que ces mots sont sublimes !
 Des plus belles maximes
 Voilà tout le précis.
Le ciel, le ciel, le ciel en est le prix.

 Le ciel en est le prix :
 Mon âme, prends courage.
 Ah ! si dans l'esclavage
 Ici-bas tu gémis,
Le ciel, le ciel, le ciel en est le prix.

 Le ciel en est le prix :
 Amusement frivole,
 De grand cœur je t'immole
 Au pied du crucifix.
Le ciel, le ciel, le ciel en est le prix.

 Le ciel en est le prix :
 Endurons cette injure ;
 L'amour-propre en murmure,
 Mais tout bas je lui dis :
Le ciel, le ciel, le ciel en est le prix.

 Le ciel en est le prix :
 Dans l'éternel empire,

Qu'il sera doux de dire :
Tous mes maux sont finis !
Le ciel, le ciel, le ciel en est le prix.

AUTRE.

Du séjour de la gloire,
Bienheureux, dites-nous,
Après votre victoire,
Quels biens possédez-vous ?
— Ces biens sont ineffables ;
Le cœur n'a point compris
Quels trésors admirables
Dieu garde à ses amis.

Martyrs dont le courage
Triompha des bourreaux,
Quel est votre partage
Après de si grands maux ?
— Tous, la couronne en tête
Et la palme en nos mains,
Nous chantons la conquête
Du Sauveur des humains.

Vous, humbles solitaires
Que l'Egypte a produits,
De vos jeûnes austères
Quels sont enfin les fruits ?
— Pour tous nos sacrifices

Et nos saintes rigueurs,
Un torrent de délices
Vient inonder nos cœurs.

Vous, épouses fidèles
Du plus fidèle Epoux
Pour des ardeurs si belles
Quels plaisirs goûtez-vous ?
— Epouses fortunées,
Nous pouvons en tout lieu,
De roses couronnées,
Suivre l'Agneau de Dieu.

Vous qui du riche avare
Eprouvez les froideurs,
Compagnons de Lazare,
Quelles sont vos douceurs ?
— Nous mangeons à la table
Du Roi de l'univers ;
Le riche impitoyable
Est au fond des enfers.

Et vous qu'un pain de larmes
Nourrissait chaque jour,
Quels sont pour vous les charmes
Du céleste séjour ?
— Une main secourable
Daigne essuyer nos pleurs ;
Un repos désirable
Succède à nos malheurs.

Mais quelle est la durée
D'un si charmant repos ?
Dieu l'a-t-il mesurée
Sur celle de vos maux ?
— Dieu, qui de nos souffrances
Abrégea le tourment,
Veut que la récompense
Dure éternellement.

Ah ! daignez nous apprendre,
En cet exil cruel,
Quelle route il faut prendre
Pour arriver au ciel.
— Si vous voulez nous suivre,
Marchez en combattant,
Et, sans cesser de vivre,
Mourez à chaque instant.

Mais la peine est extrême ;
Comment vivre toujours
En guerre avec soi-même
Et mourir tous les jours ?
— Si la route est fâcheuse,
Le trône est plein d'appas ;
Une couronne heureuse
Pour de légers combats.

FIN.

TABLE DES CANTIQUES.

CONFIANCE.

1. Congrégation chérie 7
2. Salut, ô divine Marie 8
3. A tes pieds, ô tendre Marie 9
4. Tendre Marie, souveraine 10
5. Au secours, Vierge Marie 12
6. Je vous salue, ô divine Marie ... 13
7. Dans les traverses 14
8. Daigne de la terre 15
9. Je te salue, astre 16
10. Venez, Vierge, à notre secours ... 18
11. O Reine victorieuse 20
12. Protégez-nous 21
13. T'aimer, ô Marie 23

14. Viens, viens à moi. 24
15. Tendre Marie, ô vrai bonheur. . . . 25
16. Salut, ô Vierge immaculée. 27
17. Vous êtes toute pure. 28
18. Heureux les jours 29
19. Dans tous les cœurs 30
20. O Mère chérie. 32
21. Vierge Marie. 33
22. Souvenez-vous. 35
23. Souvenez-vous, ô Vierge. 37

AMOUR.

24. Elle est ma Mère 38
25. Aimer Marie. 40
26. Il est deux noms. 42
27. L'enfant près de. 43
28. Je suis l'enfant 44
29. Ah! qu'elle est bonne. 46
30. Bénissons de Marie. 47

HONNEUR.

31. De Marie qu'on publie. 48
32. C'est le nom. 50
33. Gloire à Dieu! lui seul est grand . . 52
34. Gloire à Dieu! que toute la terre. . . 53

AMOUR A SON SANCTUAIRE.

35. Reine du ciel, Vierge Marie 55
36. Tous heureux.. 56
37. A l'ombre salutaire. 57
38. Reine des cieux. 58
39. Séjour de paix. 60
40. Ici m'amène 61

SERMENTS.

41. Salut, salut. 63
42. O ma Reine 64
43. Nous t'oublier. 65
44. Vierge sainte. 67
45. Jour mille fois. 68
46. Je l'ai juré. 70
47. Je pars, adieu. 71

COMPASSION.

Debout. 73

Pâques.

Triomphe 75

Assomption.

Chantez 76

Mois de Marie.

Ce mois béni 77
C'est le mois. 78
Nous que l'amour 79

Cantiques divers.

Pardon, mon Dieu. 81
Quelle merveille 82
Silence, ciel. 84
Venez, divin Messie. 85
Les larmes ont cessé. 87
Volons, volons, mon âme. 88
Le ciel en est le prix. 89
Du séjour de la gloire 90

FIN DE LA TABLE DES CANTIQUES.

www.ingramcontent.com/pod-product-compliance
Lightning Source LLC
LaVergne TN
LVHW050633090426
835512LV00007B/821